Skandinavische Weihnachtsdeko

Weihnachten ist etwas ganz Besonderes für mich und meine Familie. Und seitdem wir Großeltern sind, ist diese Zeit noch schöner. Unsere Enkelkinder basteln sehr gern – das ganze Jahr über. Aber besonders freuen sie sich auf den Dezember, wenn wir Weihnachtsdekorationen aus Ton- und Transparentpapier machen.

Es macht großen Spaß, den Advents- und Weihnachtsschmuck selbst aus Papier zu gestalten. Ich bin ganz sicher, dass die Tradition des Weihnachtsbastelns nie aus der Mode kommen wird. Ganz im Gegenteil: Es ist schön, sie weiterzupflegen. Die Vorfreude auf das Basteln ist immer groß – nicht nur bei den Kleinsten.

Ich hoffe, dass die Modelle in diesem Buch Sie inspirieren werden und vielleicht freuen Sie sich über einige der Dekorationen jedes Jahr wieder aufs Neue.

Viel Spaß beim Basteln und frohe Weihnachten wünscht Ihnen Ihr

Jens Funder-Nielsen

Die Motive lassen sich in folgende Schwierigkeitsgrade unterteilen:
◉ ○ ○ einfach   ◉ ◉ ○ etwas schwieriger   ◉ ◉ ◉ anspruchsvoll

MATERIALIEN UND HILFSMITTEL
Folgende Materialien und Werkzeuge werden häufig verwendet. Sie sollten sie zur Hand haben, denn sie sind in den einzelnen Materiallisten nicht mehr aufgeführt.

- Transparent- oder Architektenpapier
- weicher Bleistift (HB), harter Bleistift (2H)
- weicher Radiergummi
- Lineal
- Tonpapier, mind. 190 g/m²
- Schreibmaschinen- oder Kopierpapier, 80 g/m²
- Klebefilm
- Schere
- Schneidemesser (Cutter) oder Skalpell mit geeigneter Schneideunterlage
- Lochzange (Augen ausstanzen)
- ggf. Falzbein
- UHU Alleskleber, Klebestift
- Nähnadel
- Nähfaden in Weiß, Grün und Rot

Hinweis: Mit „Rest" ist immer ein Stück gemeint, das maximal A5 groß ist.

So wird's gemacht

1 Das Transparentpapier mit etwas Klebefilm auf der Vorlage befestigen. Das Motiv sowie alle Faltlinien mit einem weichen Bleistift nachzeichnen.

2 Zum Übertragen der Vorlage das Transparentpapier abnehmen, wenden und mit Klebefilm auf dem ausgewählten Tonpapier, Fotokarton oder der Goldfolie fixieren. Die Linien mit einem harten, spitzen Bleistift nachziehen.

3 Das Motiv mit Schere, Skalpell oder Cutter ausschneiden. Sterne werden von der Spitze aus nach innen geschnitten. Vierecke sollten von den Ecken bis zur Mitte der entsprechenden Seite ausgeschnitten werden. Auf diese Weise werden die Ecken am genauesten. Evtl. vorhandene Bleistiftstriche mit einem weichen Radiergummi entfernen. Das seitenverkehrte Motiv wenden, dann entspricht es der Abbildung im Buch.

Zusammennähen von Tonpapier-Motiven

Das jeweils benötigte Einzelteil (siehe z. B. Seite 20/21, Bäume) zweimal ausschneiden und entlang der gestrichelten Linie exakt falzen. Die beiden identischen Motive bündig aufeinander legen (Seiten mit Bleistiftmarkierungen sollten dabei aufeinander gelegt werden). Ein Ende des Nähfadens einmal verknoten und die beiden Einzelteile mit geraden, gleichmäßigen Heftstichen zusammennähen. Am anderen Ende nach dem letzten Stich evtl. einmal zurückstechen, den Faden gut verknoten und knapp abschneiden.
Die vier „Flügel" des Motivs auseinander falten, ggf. nochmals falzen und gleichmäßig verteilen.

Tipps und Tricks

▸ Die meisten Modelle können am besten aus Tonpapier ausgeschnitten werden. Tonpapier ist im Bastelfachhandel sowie in Kaufhäusern in vielen Farben erhältlich. Für einige Motive, bei denen nur wenige filigrane Flächen ausgeschnitten werden müssen oder die Sie später aufstellen möchten, können Sie natürlich auch schwereren, festen Fotokarton verwenden (ca. 220 g/m²).

▸ Alu-Bastelfolie oder Klebefolie in Gold benötigen Sie zur Verzierung verschiedener Modelle. Die Folie ist im Bastelfachhandel vom Meter oder als Bogen im Format 20 cm x 30 cm erhältlich. In den speziellen Materiallisten ist jeweils die geeignetere Folie angegeben. Sie können natürlich auch die andere Folie dafür verwenden – je nachdem, was Sie gerade zur Hand haben.

▸ Ideal zum Schneiden ist ein Cutter oder ein Skalpell, bei dem man die Klinge auswechseln kann. Mit dem Rücken der Klinge werden auch die Falzlinien angeritzt, sodass man das Papier später leichter knicken kann. Statt des Klingenrückens können Sie dafür aber auch eine etwas dickere Nähnadel oder ein spezielles Falzbein verwenden.

▸ Beim Ausschneiden der Motive unbedingt eine Unterlage verwenden. Diese sollte allerdings nicht zu weich sein, denn sonst kann unter Umständen die Klinge nicht richtig geführt werden. Empfehlenswert ist eine Schneideunterlage aus Gummi.

Hinweis: Lassen Sie Tee- und Tischlichter niemals unbeaufsichtigt brennen. Es besteht Brandgefahr!

Dreifach-Motivkarte

→ für nette Grüße

MOTIVHÖHE
ca. 19 cm

MATERIAL
◆ Tonpapier in Weiß, A4

VORLAGENBOGEN 1B

Die Motive ausschneiden, die gestrichelten Linien vorsichtig anritzen und dann falten.

Tipp: Die drei Motive der Klappkarte können Sie auch als Fensterbild gestalten! Vergrößern Sie dazu die Vorlagen nach Wunsch auf einem Kopierer und schneiden Sie das jeweilige Bild mit einem ca. 1 cm bis 2 cm breiten Rand rundherum aus.

Das Motiv mit dem Schweinchen lässt sich auf einer Karte auch schön als Neujahrsgruß versenden. Denn Schweinchen sollen ja bekanntlich Glück bringen.

Herz-Karten

→ mit Liebe verschenkt

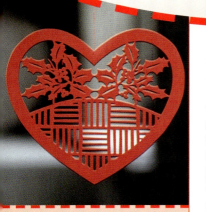

Das Herz aus Papier oder Alu-Bastelfolie ausschneiden und dann auf eine Blankokarte kleben.

Tipp: Die filigranen Herzen sehen mit anderen Motiven ebenfalls zauberhaft aus. Auf dem Vorlagenbogen 1A finden Sie zusätzlich drei weitere Motive in der gleichen Größe.

Das große Herz wirkt auch toll als Fensterhänger (siehe Abbildung). Einfach aus Tonpapier ausschneiden, mit einer spitzen Nadel ein Loch für die Aufhängung einstechen und mit einem farblich passenden Faden aufhängen.

MOTIVHÖHE
kleines Herz ca. 9,5 cm
großes Herz ca. 16 cm

MATERIAL PRO KARTE
- Tonpapierrest in Weiß bzw. Alu-Bastelfolienrest in Gold (Herz)
- Blankokarte in passender Größe in Weiß oder Grün

VORLAGENBOGEN 1A

Doppel- und Dreifachkarten

→ mit klassischen Motiven

MOTIVHÖHE
ca. 21 cm

VORLAGEN-BOGEN 1B

MATERIAL PRO KARTE

◆ Tonpapier in Weiß, A4

1 Die abgebildeten Motive passen auf einen Tonpapier-Bogen der Größe A4 und können entweder als Doppel- oder als Dreifachkarte gefaltet werden. Das Papier für die Doppelkarte auf die Größe 20 cm x 21 cm zuschneiden, vorfalzen und mittig falten. Für die Dreifachkarte den gesamten A4-Bogen verwenden und so falzen bzw. falten, dass drei gleich große Abschnitte entstehen.

2 Das Motiv aus der Vorderseite der Karte herausschneiden.

Tipp: Wenn Sie die Motive an allen Seiten mit einem schmalen Rahmen ausschneiden, haben Sie im Handumdrehen sehr dekorative Geschenkanhänger. Möchten Sie größere Fensterbilder arbeiten, vergrößern Sie einfach die Vorlagen um ca. 300%. Die Fensterbilder können Sie dann auch ohne Rahmen gestalten oder mit farblich passendem Transparentpapier hinterkleben.

Weihnachtsmann

→ mit Rauschebart

1 Die Mütze aus rotem, den Bart aus weißem und das Gesicht aus rosa Tonpapier ausschneiden. Das Gesichtsteil auf den Bart kleben.

2 Dann die Augen mit schwarzem, die Wangen und Nase mit rosa und den Mund mit rotem Filzstift aufmalen.

3 Die markierten Punkte mit einer spitzen Nähnadel durchstechen und die einzelnen Teile gemäß Abbildung mit rotem Nähfaden verbinden. Den Weihnachtsmann an der Mützenspitze aufhängen.

MOTIVHÖHE
ca. 29 cm

VORLAGEN-BOGEN 2A

MATERIAL
- Tonpapier in Weiß und Rot, jeweils A4
- Tonpapierrest in Rosa
- Filzstift in Rot, Rosa und Schwarz

MOTIVHÖHE
ca. 25 cm

MATERIAL
♦ Tonpapier oder Fotokarton in Dunkelgrün,
5 x A4

**VORLAGEN-
BOGEN 1B**

Adventskranz
→ ohne Nadeln

1 Das Kranzviertel viermal und die zwei Kreise je einmal ausschneiden. Die vier Kranzstücke in die Kreise einsetzen (kleiner Kreis oben, großer Kreis unten), sodass sie in der Kreismitte aufeinander treffen.

2 Den Kranz mit Nähfaden aufhängen: Dazu am besten an der Spitze des Kranzes, unterhalb der Schlei-fenenden, ein Loch für die Aufhängung einstechen und den Faden durchziehen.

Tipp: Für den Kranz auf dem Titelbild ein zweites Kranzviertel seitenverkehrt an die Vorlage anlegen und das Motiv als ein Teil ausschneiden.

Weihnachtshengste

→ typisch skandinavisch

MOTIVHÖHE
ca. 10 cm

**VORLAGEN-
BOGEN 2B**

**MATERIAL
PRO HENGST**
- Tonpapier in Rot oder Weiß, A4
- Klebefolienrest in Gold

1 Die Grundfigur ausschneiden, die gestrichelten Linien vorfalzen und anschließend falten. Das Motiv an den Klebelaschen zusammenkleben. Gut trocknen lassen.

2 Die beiden Hengst-Formen ausschneiden und auf die Seiten der Grundfigur kleben. Die Augen am besten mit der Lochzange ausstanzen. Mähne und Schweif gemäß Vorlage ausschneiden, vorfalzen, falten und wie abgebildet ankleben.

3 Die Decke herstellen, mit zwei goldfarbenen Herzen verzieren und aufkleben.

Tipp: Für die beiden großen Hengste die Vorlage auf 140% vergrößern.

Zauberhaftes Mobile

→ eine lustige Gesellschaft

MOTIVHÖHE
ca. 30 cm (ohne Aufhängung)

MATERIAL
- Tonpapier oder Fotokarton in Weiß, 2 x A4
- Alu-Bastelfolienrest in Gold

VORLAGEN-BOGEN 2A

1 Die einzelnen Figuren jeweils einmal aus Tonpapier (Fotokarton) und einmal aus Alu-Bastelfolie in Gold sowie das Dach aus Tonpapier (Fotokarton) ausschneiden. Die gestrichelte Linie des Daches erst falzen und anschließend falten. Das Dach wieder auseinander falten und flach auf den Tisch legen.

2 Die Figuren auf einer Seite mit der Goldfolie bekleben. Die Löcher für den Aufhängefaden mit einer Nähnadel durchstechen, den Faden anbringen und die Figuren damit fest am Dach verknoten. Die Figuren sollten dabei am unteren Rand eine einheitliche Linie bilden. Deshalb darauf achten, dass die Katze und das Schweinchen an einem längeren Faden hängen, weil sie kleiner als die anderen Figuren sind.

3 Die acht Sterne aus Alu-Bastelfolie in Gold ausschneiden und auf die gestrichelten Sternvorlagen des Daches kleben. Dann das Dach an der Klebelasche zusammenkleben.

4 Eine kleine, kreisrunde Tonpapier- oder Kartonverstärkung (siehe Vorlagenbogen) an einem Ende des Aufhängefadens befestigen, das andere Ende von innen durch die Spitze des Daches fädeln und zu einer Schlaufe verknoten. Den Faden im Inneren des Daches an der Verstärkung gut verknoten, diese evtl. in der Dachspitze festkleben.

Tipp: Das Mobile ist so dekorativ, dass es auch ganzjährig Ihr Zuhause verschönern kann. Wenn Ihnen die Engel zu weihnachtlich sind, ersetzen Sie diese einfach durch eines der anderen Motive. Anstatt der Sterne auf dem Dach können Sie z. B. auch kleine Herzen oder andere verzierende Elemente wählen.

Sternenteelicht aus Rauten

→ zeitlos schön

MOTIVGRÖSSE
ca. ø 26 cm

MATERIAL
- Tonpapier in Weiß, 3 x A4
- Alu-Bastelfolienrest in Gold
- 6 Teelichter mit Metallbecher

VORLAGEN-BOGEN 2B

1 Das Rautenmotiv sechsmal ausschneiden, an den gestrichelten Linien falzen, anschließend falten und dann zusammenkleben.

2 Die Tulpen sechsmal aus Alu-Bastelfolie in Gold ausschneiden und wie abgebildet auf die Rauten kleben. Danach die einzelnen Rauten zu einem Stern zusammenkleben.

Tipp: Aus den sechs Rauten, die Sie für den Stern benötigen, können Sie noch etliche andere interessante Formen für ein Tischlicht gestalten. Eine zusätzliche Idee finden Sie auf Vorlagenbogen 2B.